AF338374

LE PROCÈS

DES

MINISTRES

DU 16 MAI

PARIS

IMPRIMERIE A. QUANTIN

ANCIENNE MAISON JULES CLAYE

RUE SAINT-BENOIT

1879

LE PROCÈS

DES

MINISTRES DU 16 MAI

LE PROCÈS

DES

MINISTRES

DU 16 MAI

⁕

PARIS

IMPRIMERIE A. QUANTIN

ANCIENNE MAISON JULES CLAYE

RUE SAINT-BENOIT

—

1879

LE PROCÈS

DES

MINISTRES

DU 16 MAI

Le projet de mise en accusation des ministres du 16 mai, ce projet tant de fois abandonné, en apparence du moins, et tant de fois repris, est enfin sur le point de devenir à la chambre des députés l'objet d'une discussion dont nul ne peut prévoir à coup sûr le dénoûment. Avant que des dispositions irrévocables ne soient arrêtées, avant que des mesures sur la légitimité desquelles l'opinion publique pourrait s'égarer ne soient prises, il nous a paru utile d'étudier la marche juridique que la procédure de cette mise en accusation devrait suivre. Nous n'entendons examiner ici ni le bien fondé de cette accusation, ni les conséquences politiques du procès lui-même; nous voulons seulement rechercher quelles sont, sous la constitution qui nous régit, les formalités judiciaires d'une mise en accusation devant le sénat et quelles garanties ces formalités assurent aux accusés. Nous croyons en effet que l'observation scrupuleuse de ces formalités et le respect de ces garanties importent à une cause qui est de tous les temps et qui devrait être de tous les partis, celle du droit et de la justice.

I.

Ce n'est pas un des moindres inconvéniens des procès politiques
que les règles de leur procédure ne sont écrites nulle part d'une
façon précise. A chaque pas de la procédure ordinaire, le code d'instruction criminelle veille sur les droits de l'inculpé, depuis le jour
où arrêté sur l'ordre du magistrat compétent il est inscrit, sous certaines garanties sévèrement prescrites, sur le registre d'écrou de la
maison d'arrêt, jusqu'à celui où il comparaît devant les assises as-
sisté d'un défenseur, au besoin commis d'office. L'accusé politique,
au contraire, ne trouve énumérées nulle part les dispositions pro-
tectrices de ses droits, et ce qu'on pourrait appeler le code d'instruction politique est encore à faire. Mais si au point de vue des
textes les règles de la procédure politique sont incertaines, elles ne
sauraient cependant être arbitraires, et il est manifeste que ces
règles doivent s'inspirer des principes adoptés dans la procédure
de droit commun, se calquer en quelque sorte sur ces principes et
ne s'en écarter jamais, à moins que quelque considération de fait
ne fasse de cette dérogation une nécessité. En aucun cas, une dérogation de cette nature ne saurait avoir pour résultat d'enlever
aux accusés politiques la plus faible des garanties que le code d'instruction criminelle accorde aux accusés de droit commun.

Ces garanties, les accusés politiques sont d'autant plus en droit
de les demander à la procédure qu'ils sont peut-être moins assurés
de les trouver dans leurs juges. Quelle que soit en effet la juridiction
exceptionnelle appelée à statuer sur les procès politiques, on ne
saurait méconnaître que cette juridiction ne présente pas pour les
accusés la même certitude d'impartialité que présentent pour un
inculpé de droit commun les jurés ou les juges qu'il ne connaissait
point la veille et qu'il ne reverra point le lendemain. Mais cette observation acquiert encore plus de portée lorsqu'on réfléchit combien est nouvelle dans l'histoire de nos constitutions politiques
cette disposition de la constitution du 25 février 1875 qui érige
en haute cour de justice un corps émané du suffrage populaire
comme le sénat, c'est-à-dire composé d'hommes nécessairement,
légitimement animés de toutes les ardeurs de la passion politique,
n'ayant point (en grande majorité du moins) comme les membres
de l'ancienne chambre des pairs le privilège de l'inamovibilité, exposés à se voir demander compte un jour par leurs électeurs de

l'exercice de leur mandat judiciaire, ayant pris peut-être au moment de leur élection quelque engagement public ou secret relatif à l'usage qu'ils entendaient en faire. C'est donc assurément le cas ou jamais de rechercher quelles sont les règles de droit commun en matière d'instruction criminelle, et de faire l'application de ces règles à la procédure encore inconnue qu'il y aurait lieu de suivre, le cas échéant, dans le procès des ministres du 16 mai ou dans tout autre.

Toute procédure criminelle traverse trois phases : celle de la poursuite qui met en jeu l'action publique, celle de l'instruction qui rassemble les élémens nécessaires à la constatation de la vérité, enfin celle du jugement qui statue sur les résultats de l'instruction complétés par ceux du débat public à l'audience. La première phase est la plus courte. Lorsque le ministère public est averti par une dénonciation à lui adressée, par la rumeur publique ou par tout autre moyen d'information qu'il juge personnellement à propos de mettre en usage de l'existence d'un crime ou d'un délit, il requiert le juge d'instruction d'informer ; l'instruction une fois commencée, il n'y est associé que par les communications qu'il doit recevoir et les réquisitions qu'il peut prendre ; mais il ne fait pas lui-même les actes d'instruction Il n'y a qu'une exception, c'est celle du flagrant délit, où, pour ne pas laisser échapper des élémens précieux de conviction, le code d'instruction criminelle reconnaît au ministère public et à ses auxiliaires le droit de faire les premiers actes de l'instruction. Toutefois, même dans ce cas exceptionnel, les pouvoirs du ministère public sont très limités. Ainsi le mandat qu'il peut décerner n'est qu'un mandat d'amener qui ne constitue point l'inculpé en état d'incarcération régulière. Les témoins qu'il entend ne déposent pas sous la foi du serment. Enfin son devoir est de se dessaisir le plus tôt possible en faveur du juge d'instruction, auquel il doit remettre sans delai les pièces et l'inculpé (art. 94, du code d'instruction criminelle).

Pendant la période de l'instruction, le juge d'instruction est en quelque sorte tout-puissant. C'est à lui qu'il appartient de prendre sans délai toutes les mesures nécessaires pour arriver à la découverte de la vérité, interrogatoires des témoins sous la foi du serment, perquisitions, saisies de papiers même appartenant à des tiers. C'est à lui que revient surtout ce droit redoutable de porter à la liberté d'un citoyen encore présumé innocent une atteinte parfois nécessaire en ordonant son arrestation provisoire, et celui plus redoutable encore de l'isoler de toute communication avec ses parens, ses amis, son défenseur en prescrivant sa mise au secret. Mais ces mesures si graves, en quelle qualité le juge d'instruction en prescrit-il l'accomplissement? Est-ce en qualité d'accusateur? Non, c'est en qualité de juge, constituant en quelque sorte un premier degré de juridiction. C'est en effet un principe incontestable de notre droit criminel que l'instruction d'une affaire appartient non pas à l'accusateur, mais au juge, et ce principe est respecté à tous les degrés de juridiction. Le tribunal correctionnel est saisi par une ordonnance d'un de ses membres et souvent, dans les petits tribunaux, le juge qui a instruit une affaire siège au jour de l'audience à côté de ses collègues chargés de la juger. La cour d'assises est saisie par un arrêt de la chambre des mises en accusation qui est une des sections de la cour d'appel. Lorsqu'à raison de certaines circonstances exceptionnelles quelque affaire ressortit à la cour de cassation ou à la haute cour de justice, c'est la cour compétente qui doit se saisir de l'instruction, et le principe est tellement absolu que si au cours d'une instruction déjà engagée la chambre des mises en accusation reconnaît la compétence de la haute cour pour statuer sur le fond de l'affaire, elle doit immédiatement se dessaisir de l'instruction (art. 220 du code d'instruction criminelle).

Ce principe n'est pas une création arbitraire de notre droit moderne, Il remonte aussi haut que notre ancienne législation où il n'était qu'une conséquence de ce vieux brocard si précis : *Nemo simul esse potest accusator et judex.* On peut même dire avec avéc vérité qu'il est aussi ancien que l'idée de justice elle-même. Où serait en effet la garantie de l'accusé si celui qui est chargé d'établir sa culpabilité était en même temps investi de la mission de rechercher les preuves de son innocence? « Une des plus fortes garanties de la défense, dit en termes excellens M. Faustin Hélie dans son traité d'instruction criminelle, est la juridiction qui est appelée par une première appréciation des charges de l'instruction à décider, comme le faisait dans notre ancien droit le règlement à l'extraordinaire, s'il y a lieu de donner suite ou d'annuler la poursuite... Le lien indissoluble qui attache l'instruction préalable à la justice pénale est si étroit que le pouvoir de la diriger ne peut être confié qu'à un juge; il est inhérent à sa mission. » Aussi, lorsqu'après l'époque troublée de la terreur et du directoire, où tous les principes avaient été méconnus et violés, aussi bien dans les lois que dans les faits, on dut se préoccuper de rétablir notre législation sur des bases stables, on ne tarda pas à restaurer ce principe fondamental et tutélaire. M. Faustin Hélie résume ainsi, d'après Locré, l'opinion qui fut adoptée au sein du conseil d'état: « Par son institution le ministère public est partie; à ce titre, il lui appartient de poursuivre; mais par cela même il serait contre la justice de lui laisser faire des actes d'instruction... Les anciennes ordonnances maintenaient constamment le procureur général à l'état de partie poursuivante, c'est là ce qu'il importe de conserver. C'est déjà une prérogative immense que ce droit illimité de poursuivre, il faut bien se garder d'y ajouter encore celui de s'immiscer dans les fonctions de juge. Or le droit de constater des délits rentre certainement dans ses fonctions. Il est bon de rentrer dans les limites de l'ancienne législation et de séparer comme autrefois les fonctions propres à la partie poursuivante de celles qui sont essentiellement celles du juge. » M. Faustin Hélie ajoute, et nous ne pouvons que dire après lui : « Cette distinction est devenue l'un des principes du code. »

Telles sont les règles qui président à l'instruction. Après cette seconde période s'ouvre enfin la troisième et dernière, celle du jugement. C'est là que la défense et l'accusation se rencontrent sur le terrain qui a été préparé par l'instruction, non pas dans l'intérêt de l'une ou de l'autre, mais dans l'intérêt de la vérité ; et c'est autant sinon plus avec l'aide des élémens de preuve préparés par l'instruction qu'avec celle des argumens produits à l'audience par le ministère public ou l'avocat que le juge arrive à établir cette conviction intérieure qui doit se traduire dans un jugement. Une fois la sentence rendue la procédure criminelle est close, à moins que la méconnaissance de la moindre des garanties accordées à l'accusé ne vienne en mettre en question la validité.

Faisons maintenant l'application de ces principes si élémentaires et si simples au cas où le procès des ministres du 16 mai cesserait d'être une hypothèse pour devenir une réalité. A qui, dans ce cas, appartiendrait le droit d'accusation? La loi est formelle, c'est à la chambre des députés. L'article 12 de la loi constitutionnelle du 16 juillet 1875 porte en effet : « Les ministres peuvent être mis en accusation par la chambre des députés pour crimes commis dans l'exercice de leurs fonctions. » A qui appartiendrait le jugement? Ici encore la loi est formelle. Au sénat. L'article 9 de la loi du 25 février 1875 porte en effet : « Le sénat peut être constitué en cour de justice pour juger soit le président de la république, soit les ministres, et pour connaître des attentats commis contre la sûreté de l'état. » Et l'article 12 de la loi du 16 juillet 1875 cité plus haut ajoute : « En ce cas, ils sont jugés par le sénat. » Mais à qui appartiendrait l'instruction? Le même article 12 se termine ainsi : « Une loi déterminera le mode de procéder pour l'accusation, l'instruction et le jugement. » Cette loi n'a jamais été rendue. Ici la constitution est donc muette ; mais, si elle se tait, les principes parlent et leur réponse ne saurait être un seul instant douteuse. L'instruction devrait appartenir au sénat, au sénat chargeant tels de ses membres qu'il croirait devoir commettre de faire l'instruction, 'ainsi que faisait autrefois la cour des pairs. On cherche en effet vainement quelles considérations de droit ou de fait pourraient justifier une procédure différente. En droit, nous croyons avoir surabondamment démontré que la question n'est pas douteuse, en vertu du principe que l'instruction doit appartenir au juge. En fait, serait-on fondé à prétendre que la chambre des députés ne saurait être placée dans la nécessité de se porter accusatrice sans avoir eu auparavant la possibilité d'établir, par une information préalable, les éléments de sa propre conviction ? Mais il faut avouer que la réponse serait singulièrement peu péremptoire. Comment! depuis quatorze mois une commission composée de vingt-deux membres est chargée de recueillir des renseignemens sur les faits et gestes des ministres du 16 mai; cette commission a parcouru la France, interrogé des témoins, recueilli des documens. Elle a préparé un rapport dont la confection a exigé de longs mois, et, au bout de tous ces travaux et de tous ces délais, on viendrait dire que les renseignemens recueillis par la commission d'enquête n'ont même pas ce degré de précision et de certitude nécessaires pour équivaloir à cette information préalable à laquelle le ministère public se livre toujours avant de requérir le juge d'instruction? Ce serait le reproche le plus singulier et, nous nous empressons de le reconnaître, le plus injuste adressé à la commission d'enquête qui, pour faire la lumière sur les actes des ministres du 16 mai, n'a épargné assurément ni son temps ni sa peine. On ne voit donc, nous le répétons, aucune considération qui pourrait justifier une aussi grave dérogation aux principes les plus usuels de notre procédure criminelle, dérogation qui n'enlèverait pas seulement aux accusés une garantie précieuse, mais qui, nous le montrerons tout à l'heure, porterait un grave préjudice à la sécurité d'un grand nombre de citoyens.

II.

Une seule considération, une seule pourrait peut-être induire la chambre des députés à se saisir du pouvoir exorbitant de faire elle-même l'instruction. Ce serait un argument d'analogie tiré de la procédure qui fut suivie en 1830 lors du procès des anciens ministres de Charles X, procédure où la chambre des députés qui accusait les ministres s'attribua aussi le droit de faire l'instruction. Il importe donc d'examiner ce précédent et de le ramener à sa juste valeur. C'est le seul auquel nous croyons utile de remonter, car nous ne pensons pas qu'on veuille tirer argument des procédures révolutionnaires qui ont marqué la fin du siècle dernier. L'éloquente exclamation de De Sèze : « Je cherche en vous des juges et je n'y vois que des accusateurs, » restera comme une éternelle flétrissure contre ces détestables confusions de pouvoir qui ont déshonoré l'histoire de la révolution. Nous ferons cependant remarquer que lorsqu'en 1828 la chambre des députés fut saisie d'une proposition de mise en accusation de M. de Villèle et de ses collègues, la commission nommée dans les bureaux fut la première à s'inquiéter des limites de sa compétence, à respecter les conseils autorisés de ceux qui, s'appuyant sur les précédens de l'Angleterre, ne lui reconnaissaient d'autre droit que celui d'ouvrir une simple information sans caractère juridique, et que dans ses conclusions (sur lesquellés il n'a jamais été statué) elle se borna à proposer à la chambre de déclarer qu'il y avait lieu à instruire, sans demander que la chambre fît elle-même l'instruction. Mais en 1830 la situation était bien différente. Lorsque M. Eusèbe de Salverte déposa sa proposition de mise en accusation de M. de Polignac et de ses anciens collègues, quatre d'entre eux étaient déjà en état d'arrestation, M. de Polignac à Saint-Lô, MM. de Peyronnet, de Chantelauze et de Guernon-Ranville à Tours. Au point de vue du droit, cette arrestation, faite alors que les anciens ministres de Charles X n'étaient sous le coup d'aucun mandat de justice, était parfaitement irrégulière. Elle avait été opérée sous la pression de la clameur publique et dans l'intérêt même de la sécurité des futurs accusés. Ils étaient, en écartant toute autre idée de comparaison, dans la situation d'un homme qui aurait été surpris la nuit dans un village, cherchant à mettre le feu à une maison, que quelques hommes résolus maintiendraient dans la maison commune en attendant l'arrivée de la force publique, mais qui serait infailliblement écharpé par la populace si on le mettait en liberté. A Tours et à Saint-Lô des rassemblemens se formaient toutes les nuits devant la prison, et les cris de : Mort aux ministres! se faisaient entendre.

Cette situation anormale et pleine de périls était parfaitement connue de la chambre et de la commission nommée pour examiner la proposition de M. de Salverte, lorsqu'au bout de quelques jours cette commission vint demander l'autorisation « d'exercer tous les pouvoirs appartenant aux juges d'instruction et aux chambres du conseil, » et il est incontestable qu'elle a pesé d'un poids singulier sur les décisions de la chambre. Le rapporteur de la commission, M. Bérenger, jurisconsulte éminent, pour justifier une dérogation à des principes qu'il connaissait mieux que personne, invoquait bien des considérations tirées de l'intérêt et de la dignité de la chambre; mais combien la situation faite aux ministres détenus provisoirement préoccupait son esprit, on en trouve la trace dans le rapport définitif adressé par lui à la chambre, où, revenant sur cette question, il disait : « Les pouvoirs que nous avons demandés étaient nécessaires autant peut-être *pour régulariser la détention de ceux des ex-ministres qui avaient été arrêtés sur la clameur publique* que pour fixer, par le concours de leurs déclarations et des témoignages, le véritable point de vue sous lequel cette accusation doit être envisagée. » Quant à la chambre des députés, pour justifier à ses propres yeux l'empiétement qu'on lui demandait, n'avait-elle pas une excuse dans ses propres précédens? On lui proposait de faire l'instruction d'un procès politique. Mais elle avait fait bien autre chose. Elle avait fait un gouvernement, une constitution, créé un ordre de choses nouveau. Il n'est donc pas étonnant qu'entrée sous la pression des événemens dans cette voie des usurpations jugées nécessaires, elle ne se soit pas fait plus de scrupules d'un empiétement assurément moins grave. Néanmoins, et malgré cette contrainte de la nécessité, la proposition de la commission ne passa point sans difficulté à la chambre des députés. Elle fut combattue par M. Persil au nom des principes de droit que nous avons exposés, par M. Villemain au nom de la dignité de la chambre, et elle ne fut adoptée que par une majorité de 186 voix sur 279 votans.

Lorsqu'une fois l'instruction close et la mise en accusation prononcée par la chambre des députés, la chambre des pairs se trouva saisie de la connaissance de l'affaire, la situation faite à cette haute assemblée était extrêmement délicate. La chambre des députés avait manifestement empiété sur le droit, toujours exercé jusquelà par la cour des pairs, de faire l'instruction des affaires qui étaient de sa compétence. Les difficultés de cette situation étaient exposées par M. le président Pasquier dans un langage plein de mesure lorsqu'il disait aux pairs réunis : « La situation où se trouve la cour aujourd'hui est toute nouvelle. Jusqu'ici, dans les affaires qui lui ont été soumises, l'audition des témoins, les interrogatoires, les mandats, la mise en prévention, tout était à faire lorsque le procès lui était déféré. Aujourd'hui, au contraire, la cour se trouve en présence d'une instruction déjà faite, et dont il est *impossible* de méconnaître les résultats. » La cour des pairs aurait pu, il est vrai, mettre à néant la procédure suivie par la chambre des députés, dé-

clarer nulles et sans effet toutes les mesures d'instruction qui avaient
été prises avant son intervention et recommencer cette instruction
sur de nouvelles bases. Mais c'eût été faire un affront public à la
chambre des députés et entrer en conflit direct avec cette assemblée
encore puissante et populaire. C'eût été déclarer illégale la détention
subie depuis quatre mois par les anciens ministres de Charles X,
et, par voie de conséquence, leur ouvrir un recours contre les auteurs de cette arrestation. Et cela dans quel intérêt? Dans un intérêt purement théorique, puisqu'il ne venait à l'esprit de personne
que les auteurs des ordonnances pussent se soustraire à la responsabilité pénale de leurs actes. Cela était *impossible*, comme le disait
très justement M. Pasquier. Aussi ajoutait-il : « Cette instruction
est l'une des bases nécessaires du procès qui va se poursuivre. Mais
la cour ne peut cependant renoncer au droit qui appartient à tout
tribunal de recueillir de *nouveaux documens*, et de faire au besoin
une instruction supplémentaire pour éclairer d'autant mieux sa
conscience. Ce besoin d'une instruction nouvelle ne peut cependant
se constater que par un examen approfondi de l'instruction déjà
faite, et cet examen ne peut se faire que par la cour elle-même. Il
semble donc qu'il y ait lieu de déléguer pour cet examen des commissaires instructeurs pris dans le sein de la cour. » L'opinion de
M. Pasquier ne fut contredite par personne, et un pair, M. Du-
bouchage, ajouta même que le supplément d'information paraissait
d'autant plus nécessaire que l'instruction primitive avait été faite
par le pouvoir même qui se présentait comme accusateur. Aussi la
cour des pairs, dans un arrêt en date du 4 octobre, dont les termes
durent être soigneusement pesés, décida-t-elle qu'il était nécessaire « de *vérifier* et régler l'état de l'instruction et de la procédure, » et en conséquence qu'il serait, « par M. le président de
la chambre et par tels de messieurs les pairs qu'il jugerait conve-
nable de commettre, procédé à l'examen des pièces transmises par
la chambre des députés, ensemble à tous les actes d'instruction
qui pourraient être nécessaires pour l'éclaircissement et la qualifi-
cation des faits, pour être du tout fait rapport à la cour. »

Ainsi, malgré les termes formels de la résolution adoptée dans
la chambre des députés, la chambre des pairs considérait si peu
l'instruction comme régulièrement faite qu'elle procédait en réalité
à une instruction nouvelle, et que cette instruction, après avoir
duré sept semaines, était close le 29 novembre par un arrêt affir-
matif de la compétence de la cour des pairs, complété par une ordonnance de prise de corps, ordonnance que peut seule rendre dans
la procédure ordinaire la chambre des mises en accusation.

Mais ce qui mieux encore que ce que nous venons de rapporter

établit l'insuffisance juridique du précédent de 1830 c'est la façon
dont ce précédent a été plus tard jugé par ceux-là mêmes qui
avaient contribué à le créer. Lorsqu'en 1832 le cabinet déposa, par
l'intermédiaire du garde des sceaux, M. Barthe, un projet de loi qui
réglait la responsabilité des ministres, ce projet refusait à la chambre des députés le droit de faire des actes d'instruction, celui no-
tamment d'interroger les ministres et de les mettre en état d'arrestation légale, ce qui avait été fait en 1830. La commission
nommée par la chambre des députés adopta sur ce point les dispositions du projet du gouvernement, et voici en quels termes
M. Bérenger, désigné de nouveau à raison de sa haute compétence
pour être le rapporteur du projet de loi, s'expliquait sur le précédent de 1830 : « La commission d'accusation qui fut chargée en
1830 par la chambre des députés d'instruire contre les ministres
de Charles X reçut de cette chambre l'autorisation d'exercer tous les
pouvoirs appartenant au juge d'instruction et à la chambre du conseil. Elle put décerner des mandats contre les ministres inculpés.
Mais la chambre, en conférant un tel pouvoir à la commission, y fut
conduite par la nécessité. Les ministres que la clameur publique
poursuivait avaient été arrêtés. Ils étaient retenus sans mandat. Il
y avait donc urgence. Il fallait régulariser ce qui avait été fait, et
dans le cas tout exceptionnel où l'on se trouvait, au milieu de circonstances aussi extraordinaires, la chambre des députés semblait
avoir seule autorité pour donner une sorte de sanction légale à une
détention qui, si elle s'était prolongée, aurait pu être considérée
comme inconstitutionnelle, et, si elle avait momentanément cessé,
aurait indubitablement exposé ceux qui en étaient l'objet à tous
les effets de la fureur populaire. » Et il ajoutait en parlant de l'in-
terrogatoire des ministres par les commissaires de la chambre des
députés : « Ces ministres étaient à Vincennes et leur état d'arrestation justifiait cette sorte d'investigation qui était d'ailleurs autant
dans leur intérêt que dans celui de l'accusation. » Ainsi aux yeux
de M. Bérenger lui-même le précédent de 1830 avait besoin d'être
justifié par des considérations tirées des circonstance extraordinaires
où l'on se trouvait et de l'intérêt des accusés ; mais ce précédent devait être écarté lorsqu'il s'agissait d'édicter une législation
définitive et conforme aux principes. Ajoutons qu'on ne trouverait
pas davantage dans la législation des peuples étrangers la confir-
mation de cette doctrine qui en matière politique voudrait conférer
à l'accusateur les fonctions de juge instructeur. On feuilleterait vainement les trente-deux volumes des Statetrials anglais pour y ren-
contrer un seul exemple d'une instruction faite par la chambre des
communes. Ce droit appartient toujours à la chambre des lords.

Les trois seuls pays qui aient réglé par une loi les conditions de la responsabilité ministérielle, l'Autriche, la Grèce et la Roumanie, ont réservé les droits et les pouvoirs du juge d'instruction à une autorité prise en dehors de la chambre accusatrice. Le principe au surplus est tellement évident qu'il serait superflu de s'attarder plus longtemps à l'établir. Quelles sont maintenant les conséquences qui découlent du respect de ce principe et quels sont au contraire les désordres qu'entraînerait sa violation?

III.

Nous n'avons point à énumérer ici les attributions nombreuses et délicates qui sont de la compétence du juge d'instruction et dont par conséquent la chambre des députés aurait à s'abstenir, à supposer qu'elle se résolût à ordonner la mise en accusation des ministres du 16 mai. Mais parmi ces attributions il en est une importante entre toutes dont l'usurpation par un pouvoir qui n'aurait pas le droit de l'exercer constituerait un véritable désordre public; nous voulons dire le droit de porter atteinte à la liberté individuelle des citoyens en les faisant incarcérer sous mandat d'arrêt ou de dépôt. Nous avons expliqué que le droit de décerner un mandat de cette nature n'appartient dans aucune hypothèse à l'accusateur, qui même au cas de flagrant délit ne peut décerner qu'un simple mandat d'amener. Aussi n'est-il pas d'attribution que dans son rapport sur le projet de loi de 1832 M. Bérenger conteste avec plus de force à la chambre des députés. « Il serait, disait-il, contre tous les principes de conserver à la chambre le droit de décerner des mandats contre les ministres inculpés; dans son rôle d'accusatrice, elle ne peut revendiquer ce droit, car elle est partie; elle se trouve dans la même position envers les prévenus que le serait le ministère public à l'endroit des accusés ordinaires. »

Cette attribution, que l'ancien rapporteur de la commission d'accusation des ministres de 1830 refusait trois ans plus tard à la chambre des députés, la chambre actuelle ne saurait prétendre à l'exercer, même contre ceux des anciens ministres du 16 mai qui sont députés ou simples citoyens. A plus forte raison en serait-il ainsi pour ceux de ces ministres qui sont investis du mandat de sénateur. La mise en arrestation de ceux-ci, outre qu'elle serait, suivant la forte expression de M. Bérenger, contre tous les principes, porterait une atteinte manifeste à une disposition expresse de nos lois constitutionnelles. L'article 14 de la loi constitutionnelle du 16 juillet 1875 porte en effet : « Aucun sénateur ne peut pendant la durée de la session être poursuivi ou arrêté en matière criminelle ou correctionnelle qu'avec l'autorisation du sénat, sauf le cas de flagrant délit. » L'article 12 de la même loi contient, il est vrai, une exception à ce principe en autorisant la chambre des députés à accuser les ministres devant le sénat. Il y aurait eu en effet quelque chose de puéril à exiger, pour le cas où l'un des ministres poursuivis serait sénateur, l'autorisation du sénat, puisque c'est au sénat que reviendra le droit de connaître des conséquences de la poursuite. Mais cette exception ne concerne que la poursuite, et elle ne saurait être étendue à l'arrestation en vertu du principe que les exceptions sont de droit étroit et ne sont pas susceptibles d'extension. On ne voit pas en effet pourquoi, alors que le respect de la prérogative sénatoriale a paru suffisant pour paralyser l'action du ministère public et celle du juge d'instruction en matière criminelle ordinaire, ce respect serait moins grand en matière politique, où les poursuites injustes et passionnées sont encore plus à craindre. Au surplus l'interprétation des textes est ici constante, et le précédent de 1830 est tout à fait en faveur de cette doctrine. Lorsque le prince de Polignac eut été arrêté de fait à Saint-Lô, il écrivit au président de la chambre des pairs pour invoquer en sa faveur l'article de la charte qui protégeait la liberté individuelle des pairs. La chambre des pairs, à laquelle cette lettre avait été transmise par le ministre de l'intérieur, délibéra sur la réclamation du prince de Polignac; elle autorisa son arrestation, et ce fut en vertu de cette autorisation que le prince put être écroué quelques jours après à Vincennes.

Nous croyons avoir surabondamment démontré que tout acte d'instruction fait par la chambre des députés dans le procès des ministres, et en particulier toute main mise sur la personne de l'un d'eux, serait un acte contraire à tous les principes et absolument irrégulier. Il faut cependant aller plus loin, et dans les temps troublés où nous vivons il faut prévoir le cas où la chambre des députés, cédant à un de ces enivremens de pouvoir dont pas plus que les hommes les assemblées ne savent toujours défendre, passerait outre aux considérations juridiques et attribuerait à une commission nommée par elle les pouvoirs du juge d'instruction et ceux de la chambre des mises en accusation. Quelle serait la conséquence de cette résolution ? N'aurait-elle d'autre caractère que celui d'une infraction fâcheuse, mais sans conséquence pratique à des principes abstraits, et destinée seulement à servir de texte aux commentaires des arrêtistes de l'avenir ? L'instruction qui serait entreprise en vertu de cette résolution se déroulerait-elle sans incidens? Le procès qui en serait le dénoûment aurait-il le caractère pacifique d'un grand débat politique, d'une sorte de tournoi oratoire entre l'accusation et la défense, entre les ministres du 16 mai et leurs adversaires politiques? Nous ne le croyons pas. Il ne faut pas s'imaginer en effet que les principes tutélaires de la justice soient chose tellement conventionnelle que leur violation ne tire point à conséquence, et qu'il puisse dans un grand pays être porté atteinte à ces principes sans qu'il en résulte dans tout l'ordre social un trouble profond. Nous allons essayer de faire toucher au doigt quelques-unes des conséquences inévitables de cette violation.

Tout d'abord il est hors de doute que le sénat tout entier ne laisserait point passer sans protestation une résolution qui pourrait à bon droit être considérée comme une violation de ses prérogatives essentielles, et que parmi les jurisconsultes et les orateurs qu'il compte en si grand nombre dans son sein, plus d'un monterait à la tribune pour signaler au sénat cette usurpation et pour l'inviter à user du droit d'évocation que l'article 235 du code d'instruction criminelle attribue aux cours d'appel dans toutes les affaires de leur compétence et qui ne saurait manifestement être refusé au sénat se constituant en haute cour de justice. Si le sénat faisait droit à ces conclusions et évoquait le procès dont l'instruction aurait été commencée par la chambre des députés, il en résulterait dès le début entre les deux grands pouvoirs de l'état un conflit dont nul ne pourrait prévoir les conséquences ni l'issue. Mais si, pour ne pas provoquer le conflit, et par un excès d'abnégation, le sénat se refusait à évoquer le procès, comme il en sera certainement sollicité, son abstention ou même sa renonciation expresse suffiraient-elles pour donner à la résolution adoptée à la chambre des députés la valeur juridique qui à nos yeux lui ferait défaut? Assurément non. D'après notre constitution, semblable sur ce point à celle de tous les pays libres, une proposition adoptée par l'une des deux chambres n'a force de loi que quand elle a été adoptée par l'autre. Une résolution adoptée par la chambre des députés seule serait donc un simple règlement intérieur n'entraînant point l'*imperium*, et en vertu de laquelle on ne pourrait contraindre les citoyens à l'obéissance. Quelle serait donc la sanction des ordres émanés de la commission d'instruction nommée par l'assemblée? Elle serait nulle.

Bien plus, ceux qui prendraient sur eux d'obéir à ces réquisitions s'exposeraient à des responsabilités pécuniaires et pénales. Si les anciens ministres du 16 mai étaient mis de vive force en état d'arrestation, les agens subalternes qui opéreraient cette arrestation, les directeurs de maisons d'arrêt qui les recevraient s'exposeraient aux pénalités portées par les articles 114, 115, 117, 120 du code pénal contre les auteurs ou complices d'arrestations arbitraires ou de détentions illégales. Les accusés ne manqueraient pas en effet de s'adresser aux tribunaux de droit commun pour faire prononcer leur élargissement; ceux-ci, conformément aux principes incontestables que nous avons exposés, ne sauraient refuser de faire droit à leurs réclamations, et dès le début de l'instruction le pouvoir judiciaire se trouverait ainsi en conflit avec le pouvoir législatif. Le même conflit pourrait se produire si la commission d'instruction prétendait faire condamner aux peines portées par la loi les témoins qui refuseraient de déposer devant elle; ou bien, au contraire, si des témoins qui auraient deposé bénévolement étaient poursuivis à la requête des accusés pour diffamation, comme l'ont été quelques-uns des témoins qui ont déposé devant la commission d'enquête. Se figure-t-on le conflit partout, la confusion partout, et l'honnête citoyen, ignorant des principes du droit, se demandant avec anxiété dans sa conscience auquel des deux pouvoirs, dans cet état d'anarchie légale, il doit obéissance. Voilà pourtant quelle serait la conséquence immédiate d'un principe violé et d'une garantie méconnue.

Cette confusion et ce désordre pourraient s'étendre plus loin encore si la chambre des deputés prétendait étendre elle-même ses recherches judiciaires. Les délibérations de la commission d'enquête ont été jusqu'à ce jour enveloppées d'un tel mystère que personne ne peut savoir encore quelle sera la portée de ses conclusions. Cependant, s'il fallait en croire certaines rumeurs qui ne paraissent point sans consistance, cette commission aurait l'intention de comprendre dans l'accusation non-seulement les ministres du 16 mai, pour les actes accomplis par eux durant la période électorale, mais leurs successeurs jusqu'au 14 décembre, pour préméditation d'un soi-disant coup d'état. Le sénat aurait alors à connaître de cette accusation comme haute cour de justice chargée de juger les complots contre la sûreté de l'état, c'est-à-dire que l'accusation pourrait comprendre, non-seulement les ministres, mais leurs collaborateurs depuis les plus élevés jusqu'aux plus modestes, et encore les agens de tous les degrés à Paris ou en province qu'on accuserait d'avoir reçu des ordres criminels et d'en avoir préparé l'exécution; des préfets, des généraux de division, des commandans de corps d'armée, que disons-nous, le président de la république lui-même qui, n'étant plus couvert en ce cas par son irresponsabilité, n'aurait pas droit à d'autres garanties que ses coaccusés. Or se figure-t-on cette situation : une commission composée de vingt-deux hommes politiques ayant été personnellement acteurs dans la dernière lutte électorale, ayant conservé de cette lutte des ressentimens, des griefs, peut-être légitimes, et apportant dans l'examen judiciaire des faits qui leur seraient soumis toute l'âpreté de ces griefs; cette commission, recevant de tous les coins de la France des dénonciations, dont un grand nombre émaneraient sans doute d'une animosité personnelle ou d'une imagination surexcitée, sans qu'elle pût cependant en négliger aucune, et, pour s'assurer du bien fondé de ces dénonciations, ayant les pouvoirs illimités et sans contrôle d'un juge d'instruction, c'est-à-dire pouvant non-seulement ordonner l'incarcération des personnes dénoncées, soit peut-être quarante ou cinquante, mais pratiquer des perquisitions et des saisies de papiers chez elles, chez leurs parens, leurs amis, chez toute personne qu'on soupçonnerait d'avoir été en relation avec elles. Se figure-t-on cette commission déléguant tel ou tel de ses membres pour aller dans chaque département recueillir les témoignages des haines locales et rétablir le règne des délateurs? Qu'on se représente tous les abus de pouvoir auxquels ces vingt-deux proconsuls pourraient se laisser entraîner, et l'on n'hésitera pas à dire avec nous que depuis les jours du tribunal révolutionnaire et de la loi des suspects, jamais on n'aurait vu en France un pareil état d'anarchie et de terreur.

Nous ne croyons pas avoir chargé les couleurs du tableau que présenterait notre pays, si la chambre des députés empiétait sur les pouvoirs du sénat au point de prétendre lui enlever l'instruction du procès des ministres du 16 mai ou de leurs successeurs. Mais ce tableau, nous espérons qu'on ne le verra jamais. Nous espérons que la chambre des députés se laisserait arrêter le cas échéant par les raisons si graves que nous avons déduites et qui seraient certainement reproduites devant elle. Nous espérons surtout que ce procès n'aura jamais lieu. Nous comptons pour l'empêcher sur la sagesse du président de la république, sur la résolution des ministres, sur la fermeté des membres du parti républicain qui sont opposés à cette iniquité maladroite. Mais s'il devait en être autrement, si la troisième république devait rouvrir l'ère des procès politiques qui a été si fatale à la première, nul ne peut savoir de quel poids cette faute immense pèserait sur les destinées de la France.